DEBUT D'UNE SERIE DE DOCUMENTS
EN COULEUR

Couverture inférieure manquante

EXTRAIT DU BULLETIN DE LA SOCIÉTÉ D'ANTHROPOLOGIE DE LYON

— Séance du 6 juin 1885 —

CONTRIBUTION A L'ÉTUDE

DE

L'ETHNOLOGIE ET DE L'ANTHROPOMÉTRIE

DES RACES DU HAUT-NIGER

PAR

LE DR COLLOMB

MÉDECIN DE LA MARINE

LYON

IMPRIMERIE PITRAT AÎNÉ

RUE GENTIL, 4

1885

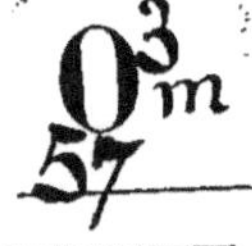

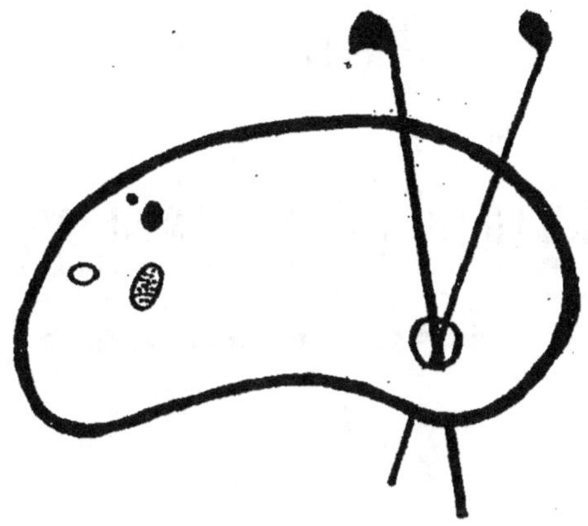

FIN D'UNE SERIE DE DOCUMENTS
EN COULEUR

CONTRIBUTION A L'ÉTUDE

DE

L'ETHNOLOGIE ET DE L'ANTHROPOMÉTRIE

DES RACES DU HAUT-NIGER

EXTRAIT DU BULLETIN DE LA SOCIÉTÉ D'ANTHROPOLOGIE DE LYON

— Séance du 6 juin 1885 —

CONTRIBUTION A L'ÉTUDE

DE

L'ETHNOLOGIE ET DE L'ANTHROPOMÉTRIE

DES RACES DU HAUT-NIGER

PAR

LE DR COLLOMB

MÉDECIN DE LA MARINE

LYON

IMPRIMERIE PITRAT AINÉ

RUE GENTIL, 4

1885

CONTRIBUTION A L'ÉTUDE

DE

L'ETHNOLOGIE ET DE L'ANTHROPOMÉTRIE

DES RACES DU HAUT-NIGER

Considérations générales. — Les peuples qui habitent les vastes régions qui s'étendent du Sénégal au Niger, et surtout ceux qui occupent les hauts plateaux connus sous la dénomination *générique de haut Fleuve*, semblent dériver d'une même race commune, la race mandingue.

En effet, chez tous l'on trouve la même division en castes, en grandes familles ou tribus, les mêmes usages; la religion musulmane, que quelques-uns professent, n'a pas amené de modifications assez importantes pour devenir caractéristiques. Le plus grand nombre est fétichiste, alliant quelques pratiques musulmanes, telles que la circoncision, le salam, à l'adoration des génies, des fétiches, à la croyance aux sorciers.

A la race Mandingue, race aborigène, dont le berceau serait les bords du Niger, est venue se mêler une race nomade, émigrée, et semblant provenir de la Haute-Égypte, les Phouls ou Foullahs, remarquables par leur couleur rouge, leurs cheveux frisés, la distinction et la finesse de leurs traits. Le

Mandingue, au contraire, a les lèvres épaisses, le nez épaté,
les cheveux laineux, la peau noire.

De race Mandingue pure on connaît deux peuples : les Bambaras et les Mallinkhés, que l'on rencontre et sur les rives du
Niger, et sur celles du Bakhoy et du Bafing, affluents du
Sénégal. — Les Kassonkhés et les Soninkhés, qui habitent les
bords du haut Sénégal sont de race mélangée, métis mandinguo-phouls ; enfin, toujours sur le Sénégal, les Toucouleurs
qui se prétendent de race phoule, mais qui ne sont, à mon avis,
que des métis de maures et de phouls.

Au village de Bammako réside une nation de race maure,
les Sourakhas, qui ne sont que des commerçants, et dont la
race a eu très peu de mélange avec la race mandingue.

Tels sont les peuples dont nous allons nous occuper dans
cette étude, insistant plus spécialement sur ceux que nous
avons le mieux étudié pendant notre séjour à Bammako.

Histoire, traditions. — L'origine de ces peuples remonte
aux temps les plus reculés et aucun document ne permet
d'établir bien nettement leur histoire. Leurs traditions sont
presque nulles, aussi les détails que nous allons donner ne
reposent-ils que sur des récits plus ou moins véridiques.

La plus ancienne tradition se rapporte à un royaume mandingue dont la capitale Malli ou Melli aurait été visitée en 1352
par Ibn Batouta. Cette ville, située dans les environs d'un grand
lac, lac Debo, et à dix milles au sud du Niger, était la capitale
d'un royaume très puissant, et dont Tombouctou était tributaire..
Les habitants de Malli ou Mallinkhés, de race mandingue,
formaient donc un vaste empire sur les rives du Niger au XIVe
et au XVe siècles.

Mais une tribu phoule, les So, avait fondé à peu près à la
même époque, sur le haut Sénégal, un empire non moins
puissant que celui de Malli. Vers le XVIe siècle, les Soninkhés,
poussés par cet esprit de dévastation qui semble à un moment
donné s'emparer de tous les peuples du Soudan, pénétraient

dans le royaume de Malli, en détruisaient la capitale et mettaient fin à l'empire des Mallinkhés.

Au XVII° siècle, un troisième peuple venait à son tour se jeter dans cette mêlée. Les Bambaras ou Bamanaos, tribu mandingue, partis des montagnes de Khong descendaient le Niger, refoulant devant eux les Soninkhés et les Mallinkhés, les rejetant loin des rives du fleuve sacré, et fondant un grand empire dont la capitale prenait le nom de Ségou. Puis une famille de cette tribu, la première en noblesse, celle des Massassis-Kourbari abandonnait à son tour Ségou et enva hissait le Kaarta.

Cette province était alors habitée par les descendants d'une tribu nomade des Phouls, les Khassonkhés. Le royaume de Khasso, établi sur la rive gauche du Sénégal, s'était peu à peu agrandi, et une grande partie du Kaarta était sous sa dépendance. Les Bambaras Kourbari refoulèrent devant eux les Khassonkhés et établirent rapidement leur domination sur le Kaarta tout entier.

Pendant ce temps, et à peu près à la même époque, une autre tribu phoule, celle des Deniankhés, pénétrant dans le Fouta, refoulait plus au sud la tribu Mandingue des Soussous, et chassait du pays une tribu phoule, déjà établie, celle des Torodos. Ces derniers se réfugièrent sur la rive droite, chez les Maures, se convertirent à l'islamisme, puis bientôt, repassant dans leur ancien pays, se mirent à y prêcher la religion de Mahomet. — D'abord, apôtres humbles et soumis, ils finirent bientôt, grâce au nombre de leurs prosélytes, par se révolter contre les Phouls Deniankhés et les chasser, créant ainsi, vers le milieu du XVIII° siècle, un grand empire musulman, sur la rive gauche du Sénégal, l'empire des Toucouleurs.

Telle était à peu près la situation politique de ces divers peuples au commencement de notre siècle.

Vers 1850, El Hadj Omar, almamy du Fouta Sénégalais, prêchait la guerre sainte et entraînait les Toucouleurs à sa suite En peu de temps, il s'emparait du Fouta Djallon, puis

franchissant le Sénégal, il envahissait le Kaarta, dont il
chassait les Bambaras. Le dernier rempart des Kourbaris, le
village de Guémonkoura, tombait enfin en son pouvoir, et les
deux chefs, Dama et Mari Siré, échappaient avec peine suivis
de quelques fidèles. — En 1857, El Hadj Omar mettait le
siège devant Médine si vaillamment défendue par Paul Holle,
et délivrée par le général Faidherbe ; puis repoussé de ce côté,
le prophète recrutait dans le Fouta une nouvelle armée avec
laquelle il se jetait sur le Bélédougou, le Ségou et le Massina,
franchissant le Niger et portant le dernier coup à tous les
empires riverains du Niger. Enfin, il succombait assiégé dans
Hamdallahi, se faisant sauter. Il n'avait laissé que des ruines
sur son passage, n'édifiant rien de stable. Après lui, son empire
se démolit en partie et à l'époque actuelle, les divers peuples
du Haut Sénégal occupent les situations suivantes :

Sur la rive gauche du Sénégal, on trouve d'abord le Fouta
Sénégalais, empire des Toucouleurs qui s'étend jusqu'à Bakel,
de Guoy à Bakel.

Les Soninkhés ou Saracolets, appelés Markhas du côté du
Niger, habitent le Kamera (Galam) et le Guoy au sud de nos
forts et sur la Gambie.

Les Khassonkhés occupent le Khasso, le Logo et vivent sur
la rive gauche du Sénégal de Bakel à Bafoulabé.

Sur le Bafing et le Bakhoy, entre le Bakhoy et le Niger e^t
au sud de ce fleuve, on trouve surtout des Malinkhés; on en
rencontre aussi jusqu'au Baoulé et dans le Fouladougou.

Enfin, les Bambaras occupent les rives du Djoliba de Bammako à Ségou, le Bélédougou (grand et petit) et le Fadougou.
Dama est à Gorée entre Bakel et Kayes, et Mari Siré, notre
allié, établi à Fatafi, dans le Gangaran. A Ségou, les Bambaras forment l'armée des sofas, aux ordres du sultan Ahmadou
Cheikou, fils du prophète.

Ségou-Sikoro, capitale du royaume Toucouleur fondé par El
Hadj Omar est encore puissante, grâce à son armée composée des
sofas, captifs bambaras et des talibés (guerriers toucouleurs.)

Le Kaarta resté sous la domination d'un autre fils d'El Hadj Omar, Montaga, est toucouleur, mais les races bambaras et toucouleurs se sont mélangées et ont donné lieu à de nombreux métis.

Enfin des Maures, venus de Tombouctou, se sont installés à Bammako pour y faire leur commerce. Malgré quelques mélanges avec des femmes captives de race mandingue, leur sang est resté assez pur.

Ce rapide exposé fera comprendre combien il est quelquefois difficile d'établir parfaitement la race, la tribu, la famille d'un individu et donnera une idée approximative des mélanges qui ont dû se produire. — La nation des Bambaras est celle des tribus mandingues dont le sang est le plus pur, et chez laquelle on retrouve les caractères distinctifs de la race. Elle a conservé les anciennes traditions dans toute leur intégrité. Nous avons pu plus spécialement l'étudier pendant notre séjour à Bammako, et souvent nous parlerons d'elle.

Notions générales. — Mais nous donnerons d'abord des notions générales et communes à tous ces peuples, avant de passer à l'étude des cas particuliers. Les remarques ethnologiques, que nous vous présentons, s'adressent d'ailleurs aussi bien aux Bambaras qu'aux Malinkhés, et autres peuples du haut Fleuve.

Dans tout le haut Fleuve, et même on peut dire dans toute la Sénégambie, on trouve partout les mêmes usages, les mêmes divisions en castes, en grandes familles ou tribus.

Castes. — Les castes sont les mêmes pour tous ces peuples : en premier lieu vient la caste des Nobles, placée au-dessus des autres, parents ou alliés du chef de la nation ou du village, guerriers toujours ; puis viennent des castes caractérisées par le métier des gens qui la forment ; nous citerons par ordre les Forgerons, les Cordonniers ; chez les peuples qui habitent les rives du Niger, les Bossos ou Somonos, qui sont pêcheurs, piroguiers ; puis les Griots, les uns musiciens et chanteurs, les autres tissant le coton, fabriquant des vêtements ; enfin, il existerait une classe de parias, hommes méprisés et dont le contact peut porter malheur.

D'après M. le docteur Tautain, on ne trouve chez les Phouls que trois castes : les hommes libres, les Griots chanteurs et musiciens (Bambabés), et les ouvriers à bois (Laobés).

Familles. — Les grandes familles mandingues ont formé bientôt des tribus, qui ont aussi leurs quartiers de noblesse. C'est ainsi que les Kourbari sont les premiers des Bambaras.

Langues. — La langue phoule est une langue mère, étudiée si savamment par le général Faidherbe. Le Bambara et le Malinkhé sont des dialectes dérivés du mandingue et présentant de nombreuses analogies. — Le Soninkhé ainsi que le Khassonkhé dérivent aussi du mandingue, mais on y trouve des mots de la langue phoule.

Tribus. — Ces diverses nations forment un grand nombre de tribus, que nous allons énumérer rapidement, en indiquant le pays qu'elles habitent.

1° Nations des Bambaras. — Cinq tribus. — 1° Kourbari ; 2° Traoueré ou Diara, habitant toutes deux Gorée et Fatafi, ainsi que Bammako et les environs ; 3° Dembellé, à Gorée et dans le Bélédougou ; 4° les Kayta et 5° les Konaté, dans le Kaarta, le Khasso et le Fadougou.

2° Nation des Malinkhés : 1° Diara, dans le Fouladougou et le Kita ; 2° les Souro, dans le Kita ; 3° les Keita, dans les environs de Niagassola et dans le Ouassoulou, où un nouveau prophète, Samory, cherche en ce moment, à créer un grand empire malinkhé.

3° Nation des Foullahs ou Phouls ; les unes dans le Ouassoulou, ce sont les Foullahs Diallo, Sidibé, Diakité, Sangré; les autres habitant le Fouta, les Foullahs So, Foullahs ba et F. bari.

4° Les Soninkhés ou Markhas forment trois tribus : les Ndrammé, les Ganamba ou Diavando, les Niaré. Les deux premières habitent le Kamera, le Guoy ; la troisième le Kaarta, Kondou et Bammako.

5° Les Khassonkhés répandus dans le Khasso et le Logo ne forment que deux tribus qui prennent le nom du pays qu'elles habitent : Khassonkhés, Logonkhés.

6° Enfin les Maures : deux de leurs tribus sont établies à Bammako, les Sourakha Touré et les Sourakha Aydara. — La troisième, celle des Sourakha D'diaye est composée de maures voyageurs (diulas).

Cérémonies et coutumes. — Ces détails préliminaires donnés, nous passerons à l'étude des caractères ethnologiques communs, à la description des usages, des superstitions de tous ces peuples, insistant spécialement sur la nation des Bambaras, dont le vrai nom est Bamanas au singulier, Bamanaos au pluriel.

Prenant un enfant au moment de sa naissance, nous allons le suivre dans toutes les phases de son existence, racontant les usages établis, les cérémonies religieuses, les superstitions qu'il rencontre et qu'il traverse pendant sa vie.

Naissance. — A peine venu au monde, l'enfant est plongé dans l'eau froide par les matrones qui assistent la mère, puis séché ensuite auprès d'un grand feu. Il est ensuite rendu à sa mère qui lui donne le sein. Aucun bandage, aucun vêtement n'est imposé au petit être. Pas de berceau ; pour lit une natte de paille sur laquelle on aura étendu un linge, guinée ou calicot, quelquefois une pièce de coton tissée dans le pays. On ne lie pas le cordon ombilical avant de le couper ; on le saisit d'une main près de l'ombilic et tordant l'extrémité libre avec l'autre main, on le déchire. Aucun pansement n'est appliqué sur la plaie qui se cicatrise comme elle peut. Pourtant, quelquefois la mère ou les matrones appliquent sur la plaie vive de la poudre de neb-neb, (tannin extrait de l'acacia tomentosa), mélangée

avec un peu de cendre, ou plus simplement un cataplasme fait
avec la terre argileuse des bords du Niger. Cette manière de
sectionner le cordon ombilical est une des causes des hernies
fréquentes que l'on remarque dans cette région et que vous
pourrez apercevoir sur plusieurs photographies.

Enfance. — Le huitième jour après la naissance, un des
parents ou un ami, de concert avec le père de l'enfant, se pré-
sente et demande à donner un nom au nouveau-né. Il doit
apporter un mouton, lequel sera sacrifié pour rendre les fétiches
favorables à l'enfant. Ce sacrifice est fait par les parents et
sans intervention du sorcier. Un repas suit la cérémonie ; il se
termine par une large absorption de ni-dolo, ou bière faite avec
du mil fermenté et du miel, et par des danses. Griots et griottes
sont toujours invités et célèbrent à qui mieux mieux la muni-
ficence des parents.

L'enfant continue à croitre ; sa mère le porte sur le dos
retenu par une pièce de linge qui vient s'attacher sur le devant
de la poitrine, au-dessous des seins. La mère nourrit ordinairement l'enfant jusqu'à l'âge de trois ans, mais bien avant,
elle lui donne des aliments étrangers, de la farine de mil ou du
riz, et même quelquefois du couscous et des patates douces.

Adolescence. — Mais l'enfant n'est véritablement sevré
qu'à l'âge de trois ans. C'est l'occasion d'une nouvelle cérémonie. L'enfant est conduit en grande pompe chez la grand'
mère, paternelle autant que possible, chez qui un grand repas
est préparé. L'enfant est remis alors entre ses mains et les
parents ne s'en occupent pour ainsi dire plus. — A cet âge
l'enfant marche depuis longtemps ; il est encore chétif, mais
malgré cela, il est envoyé aux champs avec ses frères plus
âgés. Il y conduit les brebis, les chèvres ; bientôt il devra
rapporter du bois pour la cuisine ou le chauffage. Il sera
ensuite obligé d'aller couper l'herbe pour les chevaux, les
bœufs, de vaquer aux principales occupations domestiques·

A partir de l'âge de cinq ans, il est envoyé chez le marabout, surtout s'il appartient à une famille libre, ce qui ne l'empêchera pas dans la journée de travailler à la maison ou aux champs.

Dès l'âge de dix ans, l'enfant ira aux champs avec les esclaves préparer la terre pour les semailles. Armé d'une petite pioche, en forme de racloir, il grattera la terre, enlèvera les mauvaises herbes qu'il réunira en tas pour les brûler. Il surveillera ensuite la récolte, attentif à chasser par ses cris, les oiseaux qui tenteraient de manger le grain. — Tous les enfants sont soumis à cette règle, et nous avons plus d'une fois rencontré dans les champs, les fils du chef de Bammako occupés à travailler la terre ou à surveiller les récoltes.

Instruction. — La surveillance et les soins de la grand' mère s'exercent jusqu'à l'âge de quatorze à quinze ans. C'est alors le moment de la circoncision pour les garçons, et de l'excision du clitoris pour les jeunes filles. Jusqu'à cette époque, aucune distinction n'a été faite entre les deux sexes ; ils sont soumis aux mêmes travaux, ils reçoivent les mêmes soins. La seule différence est que seules les filles d'une classe élevée sont envoyées au marabout, les autres restent à la maison.

D'ailleurs l'instruction est peu répandue et les jeunes filles ne passent que peu de temps chez le marabout. Les jeunes gens sont un peu plus nombreux et suivent pendant longtemps le leçons. A Bammako, le marabout avait seulement environ cinquante élèves et la plupart de race maure.

Au contraire, une école de français ayant été créée au poste de Bammako, les enfants vinrent en assez grand nombre. Deux photographies vous montreront les enfants de cette école, première et deuxième division.

Circoncision. — La circoncision se pratique à l'âge de 13 à 15 ans. Elle donne lieu à une grande cérémonie. L'opérateur n'est plus, comme chez les Malinkhés, un forgeron. C'est le sorcier, le Nama du village qui se charge de l'opération Elle

n'a pas lieu en présence des parents, des griots et griottes, des
notables du village. Elle se fait dans le bois sacré ou sur les
rives du Djoliba. Le procédé opératoire serait le même que
celui des forgerons malinkhés. — Ligature du prépuce, exten-
sion sur le lien, section entre le lien et le gland, pansement à
l'eau froide ou à la poudre de neb-neb.

Environ huit jours avant l'opération qui doit avoir lieu au
moment de la nouvelle lune et le troisième jour de la lune,
pendant la nuit, le Nama fait entendre des hurlements épou-
vantables et fait résonner sa corne d'appel. — Le lendemain
les principaux du village, les anciens et le chef tiennent un
grand palabre. On y décide, après de nombreux discours que
le sorcier sera entendu le même soir, ordinairement à dix heures.
Avis en est donné dans le village afin que les femmes et les enfants
sortent du tata et évitent de se trouver en présence du Nama.
Cette vue est redoutée pour deux motifs : 1° l'œil du sorcier est
réputé maudit, et la personne sur laquelle le sorcier a jeté un de
ses terribles regards, est certaine de mourir dans l'année ; 2° le
sorcier est couvert d'un masque et revêtu d'un costume composé d'écorces d'arbres et de divers oripeaux ; il tient à la main
un fouet à captifs, lanière de cuir tressé, et il n'hésite pas à
faire une large distribution de coups de fouet à ceux qu'il rencontre sur son passage ; cette action a pour but de rompre le
charme et de conjurer le mauvais sort, jeté par son terrible
regard.

Le sorcier doit donc venir le soir, les anciens sont rassemblés ;
d'énormes calebasses pleines de ni-dolo leur facilitent l'attente.
Vers les dix heures, le Nama s'annonce par des sons de corne
et des cris cherchant à imiter le hurlement de la bête fauve. Il
est reçu à la porte du village par deux griots envoyés par le
chef et qui l'accompagnent jusqu'au lieu de l'assemblée en
chantant ses louanges. — Le sorcier, revêtu d'un costume
composé d'écorces d'arbres, couvert d'oripeaux et de grelots,
la figure cachée par un masque lui donnant un aspect difforme,
chemine gravement, pénètre dans le lieu de réunion et s'assied

après avoir salué d'un signe de tête le chef du village. — Après un temps de silence plus ou moins prolongé, il se lève et prononce un discours dans ce genre :

« Le temps est venu, la récolte est terminée ; l'Être suprême nous a comblé de ses bienfaits ; il faut maintenant que nous lui montrions notre gratitude. Il est temps que les jeunes gens satisfassent aux rites et se consacrent pendant un mois aux fétiches. Dès demain doit commencer le recueillement, la prière. Envoyez-moi donc, dès la pointe du jour, tous ceux qui remplissent les conditions, et je vous les rendrai aptes à former de braves guerriers [1]... » Le discours continue en des termes impossibles à reproduire, il est accueilli par de nombreux applaudissements et par des rires prolongés. — Puis le conseil décide quels sont les enfants qui seront soumis à la circoncision et prévient leurs parents d'avoir à les envoyer le lendemain de bonne heure au bois sacré.

Pendant les huit jours qui précèdent l'opération, les enfants sont soumis à un régime particulier ; dès le matin, ils font, accompagnés par un homme de confiance désigné par le sorcier une longue promenade, puis vers neuf heures ils se rendent au Niger où ils prennent un bain d'une heure environ. Ils rentrent et trouvent leur repas tout préparé. Il se compose de couscous à la viande de mouton ou de chèvre. Le poisson et le bœuf leur sont interdits pendant cette période. L'après-midi ils font de nouveau une longue promenade et ne rentrent que pour le repas du soir. Ils se couchent de bonne heure.

La veille du jour de l'opération, les enfants sont mis à la diète et enfermés dans une case dès trois heures de l'après-midi. Ils passent la nuit à psalmodier des prières et à faire des invocations aux idoles. Puis le matin venu, le sorcier reparaît et emmène avec lui les jeunes néophytes. L'opération se fait tantôt

---

[1] Discours prononcé à Bammako au mois de décembre 1884, et recueilli par le caporal Samba Dialo, avec lequel nous avons pu assister à cette réunion.

dans le bois sacré, tantôt sur les bords du Djoliba. Aucun profane ne peut y assister. Nous tenons les détails suivants d'un jeune manœuvre employé au poste.

L'opération, faite à la fin de décembre, eut lieu sur les bords du fleuve. Les enfants se jettent à l'eau sitôt la section du prépuce opérée. Peu ou presque pas d'écoulement de sang grâce à ce bain assez froid à cette époque de l'année ; puis au sortir du bain, la plaie est saupoudrée de poudre de neb-neb, et les enfants retournent en chantant à la case qui leur a été préparée et qui est située dans l'intérieur du village. Le sorcier, l'opération terminée, a disparu.

Les réjouissances commencent. Les jeunes opérés, étendus sur des nattes de paille, semblent mépriser la douleur. Leurs parents, leurs amis s'approchent d'eux pour les complimenter. Le chef du village, accompagné des notables, vient leur rendre visite et leur envoie des vivres en abondance ; mais la plupart du temps, ils n'y touchent pas le premier jour. Dans l'après-midi, les matrones aidées par les jeunes filles viennent panser les jeunes opérés ; elles enlèvent la poudre de neb-neb destinée à arrêter le sang et appliquent simplement sur la plaie des linges trempés dans l'eau froide. Elles restent accroupies auprès de la natte, agitant des éventails pour chasser les mouches, et donner aux jeunes néophytes une douce fraicheur. Griots et griottes, danseurs et musiciens, cherchent à distraire les enfants et les tiennent éveillés jusqu'à onze heures du soir. A ce moment, tout le monde se retire pour les laisser reposer. Les jours suivants sont autant de jours de fête pour les jeunes garçons ; les chants et les danses continuent, et ce n'est que le huitième jour que les réjouissances se terminent.

Excision du clitoris. — Faut-il maintenant dire quelques mots de cette coutume odieuse, barbare que l'on rencontre aussi dans toutes les régions de l'Afrique centrale ; nous voulons parler de l'excision du clitoris. Si la circoncision a jusqu'à un certain point sa raison d'être, quelle est la cause qui a fait adopter l'excision du clitoris ? Elle a pour but, disent les noirs du haut Fleuve, d'assurer la fidélité de la femme. Ont-ils obtenu ce résultat, nous ne le croyons pas ; d'ailleurs, dans leurs mœurs, l'infidélité de la femme est cotée, et le prix varie suivant les conditions. Cette opération ne donne donc pas de résultats appréciables, et nous ne nous expliquons pas qu'elle se pratique aussi fréquemment et qu'elle soit devenue une coutume obligatoire, une formalité indispensable sans laquelle la jeune fille ne pourrait trouver d'époux.

Quoi qu'il en soit, nous en dirons quelques mots ; nous tenons ces détails d'un de nos amis qui a pu assister à Koulicoro aux diverses phases de la cérémonie, sauf à l'opération elle-même.

L'excision est faite par des matrones appartenant à la caste des forgerons; l'instrument employé est un couteau à lame courte, assez étroite, que l'on a la précaution de faire rougir sur un brasier jusqu'au rouge cerise, afin d'empêcher une hémorrhagie trop forte. Le clitoris est sectionné au niveau des parties voisines, et il est difficile à retrouver quelque temps après l'opération.

Les jeunes filles sont préparées par le jeûne, les veilles et les danses à l'opération, qui se fait habituellement dans une case construite pour la circonstance sur les bords du fleuve. Après l'opération, elles sont ramenées au village, mais restent sous la surveillance des matrones pendant quinze jours. Chaque matin, elles sont conduites au Niger prendre un bain.

Durant tout le temps nécessaire à la cicatrisation, les jeunes néophytes portent un costume particulier; pour les jeunes gens : long boubou de coton, teint en rouille ; bonnet de coton venant se rabattre sur les oreilles, de la même couleur. Ils tiennent à la main une espèce de jouet formé de rondelles de calebasse enfilées dans un bâton et qu'ils agitent en produisant un bruit de crécelle, destiné à éloigner les mauvais esprits. Les jeunes filles sont vêtues de blanc et tiennent à la main de légères baguettes avec lesquelles elles pourchassent les curieux qui se pressent quelquefois sur leur passage. C'est là un privilège dont elles jouissent seulement pendant le temps nécessaire à leur guérison.

L'excision se pratique toujours avant que la jeune fille soit devenue nubile, elle est indispensable, vu les coutumes de ces peuples. Une jeune fille non excisée perd de sa valeur commerciale, et n'est plus apte à contracter mariage. Aussi les exceptions sont-elles excessivement rares. Il en est de même pour la circoncision. Un jeune homme non circoncis ne pourra prendre femme et si par hasard le mariage avait eu lieu, il deviendrait nul de par le fait de la non-circoncision du mari.

Mariage. — Les hommes se marient de 17 à 20 ans, la femme de 15 à 17. Souvent les cérémonies préliminaires du mariage sont faites plus tôt, mais la cohabitation n'a jamais lieu avant que la femme ait atteint l'âge de 15 ans.

La plupart du temps, les jeunes filles sont mariées par leurs parents qui ne leur laissent pas le choix du mari. Il en est de même pour les garçons, mais on cite quelques exceptions. La dot est payée par le mari aux parents de la femme; elle appartient au père de la femme et doit être rendue en cas de divorce.

Un jeune homme a remarqué une jeune fille; il commence à s'en ouvrir à son père et à sa mère. Si ces derniers n'ont pas d'autres projets, ils acceptent la bru proposée et se mettent en relation avec la famille de la jeune fille. On envoie en avant une vieille femme, qui sert d'entremetteuse. Elle vante les qualités du futur, la fortune des parents, la beauté de la jeune fille, elle négocie le prix de la dot ; en un mot, elle prend tous les arrangements nécessaires. Cela ne se passe pas sans pourparlers nombreux, sans grandes discussions, où le prix de la dot est débattu, où la jeune fille est pour ainsi dire mise en vente. Enfin les deux familles tombent d'accord. Le futur adresse alors à sa fiancée dix kholas blancs, et un pagne de coton blanc. Quelques jours après, le prix de la dot est apporté en grande cérémonie ; il se compose habituellement de un à deux bœufs, de deux esclaves, d'une barre de sel, de tissus de coton.

Il varie suivant la beauté de la jeune fille, la fortune des parents, leur noblesse; il peut s'élever à 5 ou 6 esclaves, soit de 250 à 1.500 francs. A son tour la jeune fille envoie dix kholas blancs en signe d'acceptation, ainsi qu'un boubou blanc cousu de ses propres mains. La dot n'est pas toujours payée entièrement avant le mariage ; c'est souvent une cause de divorce, les parents ayant le droit de reprendre leur fille si, au moment fixé par les conventions, la dot n'a pas été payée intégralement ; ils doivent alors restituer une partie de la dot payée. Si la jeune fille a été donnée comme vierge et qu'elle ne le soit pas, les parents doivent en payement un à deux bœufs, suivant les provinces : le cas est prévu.

Tout est donc convenu ; le mariage aura lieu dans la journée. Le sorcier que l'on consulte se contente de dire que les fétiches sont favorables, et n'intervient pas autrement dans la cérémonie.

Le futur a fait préparer un logement; tout est prêt. Il attend assis devant sa porte qu'on lui amène sa femme. Ses amis, tous les jeunes gens du village se réunissent; ils forment un long cortège qui, partant de la maison du marié, se dirige vers celle de sa femme, griots et griottes sont invités, les instruments de musique les plus divers, tam-tams, balafons, cornes, cloches sont apportés; le tapage commence, augmenté par le bruit des coups de fusil tirés par les jeunes gens. Le cortège marche lentement; il arrive enfin près de la maison des parents de la jeune fille. On parlemente à la porte qui finit par s'ouvrir. La jeune fille, cachée dans un coin reculé de la maison, est l'objet des recherches de tous. Enfin des cris de joie, des hurlements plutôt, annoncent qu'on l'a trouvée. On l'emporte, car sa mère a eu le soin de l'envelopper toute entière dans une pièce de calicot blanc, qui fait plusieurs fois le tour du corps. Ainsi drapée, elle ne peut faire un mouvement; à peine aperçoit-t-on sa figure. On la saisit, on l'emporte, on la place sur le devant de la selle d'un cavalier qui la tient dans ses bras. Le cortège reprend sa marche; les premiers poussent des cris de joie,

mais derrière viennent les parents de la future qui gémissent et
pleurent. Mais bientôt, entourés par les griots, ils se consolent
et partagent la joie générale. Les coups de fusil redoublent ; les
tams-tams frappés à tour de bras résonnent ; les griots mêlent
les notes aiguës de leurs chants aux sons plus graves des balafons ; les cornes retentissent ; le bruit devient intolérable. Enfin
on arrive devant la maison du mari. Celui-ci est assis, la tête
baissée ; tout à coup, au moment où le cortège arrive, il se
redresse, s'élance, enlève sa femme après une courte lutte avec
le cavalier qui la porte et se réfugie avec elle dans la maison.
Les cris, le bruit, les coups de fusils continuent ; des danses
commencent auxquelles prennent part les jeunes filles ; ce n'est
que vers le milieu de la nuit que tout le monde se retire.

Le lendemain une pièce de linge blanc, tachée de sang, est
étendue devant la porte de la maison, indiquant la vaillance du
mari et la virginité de la femme. Celle-ci reste enfermée huit
jours sans sortir, au bout desquels elle est conduite en grande
pompe chez ses parents. La mère procède alors à l'arrangement
de ses cheveux. Elle quitte alors la coiffure de la jeune fille
pour prendre celle de la femme mariée.

Autorité paternelle. Respect filial. — Le père est le chef
de la famille ; son autorité est presque sans limite, sauf le droit
de vie et de mort. Il peut vendre ses enfants. L'obéissance
filiale est la règle et il est excessivement rare de voir des cas
de désobéissance. La femme est soumise au mari et ne peut
avoir de volonté propre ; quand elle est de famille libre, elle ne
peut être vendue ; de même, lorsqu'une femme esclave est
devenue mère par le fait du maître, elle fait dès lors partie de
la famille et ne peut être vendue qu'en cas extrordinaire.

Si un jeune homme voulait se marier sans le consentement
de son père, il devrait quitter la maison et aller vivre ailleurs,
renonçant à tous ses droits. Une jeune fille ne peut agir ainsi
et est toujours soumise entièrement à toutes les volontés de sa
famille.

Conditions. — L'homme né libre reste libre et ne peut être vendu. Il est rarement fait captif à la guerre, car il essaye toujours de se faire tuer : de plus, ses tentatives [fréquentes d'évasion, la difficulté qu'on éprouve à le faire travailler, le peu de service qu'il pourrait rendre, en font un esclave inutile, souvent dangereux; il est donc la plupart du temps mis à mort. Une femme libre faite captive à la guerre peut être vendue et devient une marchandise.

Les esclaves sont de trois catégories ; 1° esclaves de case. Ce sont d'anciens captifs nés de l'union de leurs mères avec le maître, qui restent attachés à la glèbe et font partie de la famille. Quand ils se trouvent assez nombreux, ils forment dans les terres de leurs maîtres de petits villages appelés villages de culture et ils vivent entre eux payant une dîme à leurs maîtres sur leur récolte. 2. Esclaves de guerre. Jeunes filles et jeunes garçons pris à la suite du pillage d'un village et qui sont dispersés et vendus sans qu'on tienne compte de leurs liens de famille. Ils composent en partie les caravanes d'esclaves que l'on rencontre dans tout le Soudan, ainsi que ceux de la 3ᵉ catégorie, esclaves de basse classe, sans aucune nationalité, vendus et revendus, rebut de tous et qui sont de véritables souffre-douleurs.

L'homme libre peut être guerrier comme appartenir à une des castes dont nous avons déjà parlé; il peut être forgeron, pêcheur, cordonnier, griot, etc.

Ces castes, avons-nous dit, existent chez tous les peuples de la Sénégambie. Elles sont fermées à tous ceux qui ne sont pas nés dedans. Un noble restera toujours noble et ne pourra déchoir, même si par suite d'un accident quelconque il venait à devenir pauvre ; un forgeron restera forgeron toute sa vie et ne pourra appartenir à une autre caste, par exemple devenir cordonnier; mais il ne sera pas tenu à forger par cela même qu'il sera né dans la caste des forgerons.

Funérailles. — L'indigène que nous avons pris tout enfant

s'est marié; il a vécu en guerrier ou en artisan; il vient à mourir. Les cérémonies funéraires sont nombreuses, mais seulement pour les gens appartenant à une classe un peu relevée. Les pauvres sont souvent simplement roulés dans une natte de paille et abandonnés dans les environs du bois sacré sans être enterrés. Un riche meurt : sa famille désolée lave le corps, et le dépose vêtu de ses plus beaux habits sur une estrade. Le corps reste ainsi exposé pendant vingt heures environ. Le sorcier, les griots, les amis et parents sont invités à prendre leur part d'un grand repas qui se compose ordinairement de la viande d'un mouton tué en l'honneur du défunt. Les griots chanteurs exaltent dans un chant les vertus du mort, rappellent ses qualités, célèbrent sa magnificence ; les instruments de musique, tam-tams, cornes, gonds, les balafons (instruments composés de lamelles de bois de bambou reposant sur des calebasses vides) vigoureusement attaqués résonnent lugubrement; des calebasses pleines de ni-dolo circulent, entretenant l'ardeur des musiciens et des chanteurs, l'ivresse devient bruyante; la nuit se passe en fête.

Le jour venu, les esclaves ont creusé sous un arbre, dans un champ appartenant au défunt une fosse assez large, profonde, qu'ils garnissent de nattes de paille et de branches de feuillage. Le corps enveloppé dans une natte est porté par six hommes libres. Un long cortège se forme : en tête, les griots et griottes, les musiciens ; puis le chef de la famille du défunt, à cheval ordinairement. Si le mort a laissé des enfants, ces derniers suivent le cortège vêtus d'un boubou blanc, et les cheveux tressés avec des poils de bœuf. Le corps vient ensuite, enfin les parents et les amis. Chacun porte dans une petite corbeille des provisions de toutes sortes: riz, mil, poissons, fruits. Elles sont destinées au grand repas qui doit suivre la cérémonie. Arrivé auprès de la fosse, le cortège s'arrête et les assistants poussent trois gémissements. Puis le corps est descendu dans le trou ; à côté du défunt, on place les instruments et les jouets de son enfance, image de la résurrection et de la nouvelle vie qui lui est promise ; au-dessus du cadavre, on construit une voûte de feuillage afin que la terre ne presse pas sur le corps et enfin on comble la fosse. Le corps a été couché la tête à l'ouest, les pieds à l'est : sur la fosse, on place une pierre et des grigris qui rappellent le défunt au souvenir des passants.

Le soir, tous les assistants se rendent à la maison mortuaire et prennent part au repas préparé avec les provisions qu'ils ont offertes à la famille. Du défunt, il n'en est plus question ; seuls la veuve et les enfants, retirés dans une pièce éloignée se livrent à leur douleur, à laquelle prennent part les esclaves qui, souvent inquiets sur leur sort futur, plaignent le défunt, ne sachant entre les mains de qui ils tomberont.

Héritages. — L'héritage se fait en ligne collatérale ; le frère succède au frère ou à la sœur, et ce n'est qu'au défaut de frère que le fils du frère aîné recueille l'héritage du défunt.

Cette coutume est suivie pour les honneurs et les propriétés du défunt, ainsi que pour tout ce qu'il possède ; ainsi les femmes du mort deviennent celles du frère, les propriétés lui appartiennent. Cette loi a pour résultat quelquefois de donner pour femme à un homme sa propre mère. Ainsi si le défunt n'a pas de frère, son fils lui succède et par cela seul, les femmes de son père deviennent les siennes. Pourtant le respect filial est tel qu'ordinairement et en contradiction avec les coutumes, les fils donnent la liberté aux femmes de leur père, qui leur sont échues par héritage.

Souvent les héritages se règlent suivant la loi de Mahomet, et cela surtout lorsque des Maures, des Toucouleurs sont en compétition avec des Bambaras ou des Malinkhés ; mais ces réglementations sont toujours la cause de nombreuses brouilles et souvent de sanglants conflits.

Cicatrices ethniques. — Ces différents peuples ont des signes différents qui leur servent de moyens de reconnaissance. Ainsi les cicatrices ethniques sont fréquentes et servent à caractériser une famille.

Les Bambaras sont remarquables par trois grandes cicatrices allongées, en forme de raies situées de chaque côté de la figure et s'étendant de la tempe à la mâchoire inférieure. Trois cicatrices plus petites sont tracées sur le front, entre les deux sourcils. — Les Markhas Niaré portent les mêmes cicatrices, mais les autres tribus de la même nation ne les portent pas. On attribue cette différence à ce que la famille des Markhas Niaré qui règne à Bammako a pris les usages bambaras, tandis que les autres tribus ont conservé leurs anciennes traditions.

Les Malinkhés portent sur tout le visage et sur le corps, la poitrine, le ventre, les reins, les bras des quantités de petites cicatrices linéaires, très rapprochées et ressemblant à des hachures.

Les Foullahs du Ouassoulou portent des cicatrices semblables, mais un peu plus petites et plus serrées.

Les Maures et les Toucouleurs ne portent pas de cicatrices ethniques.

Ces cicatrices sont faites à l'aide d'un couteau à lame courte et rougie au feu, vers l'âge de deux ou trois ans.

Tatouage. — Nous n'avons remarqué qu'une seule espèce de tatouage. Il consiste en une coloration particulière bleu pâle des lèvres et de la paupière inférieure, obtenue au moyen de l'indigo. Des aiguilles fines sont trempées dans une solution légère d'indigo et servent à le pratiquer. Ce tatouage ainsi que l'habitude de porter un anneau ou un fil de coton qui traverse la cloison nasale n'existe que chez les femmes Bambaras du Bélédougou, ou de Bammako et chez les Markhas Niaré.

Religion. — Tous ces peuples, à l'exception des Toucouleurs et des Maures, sont fétichistes; mais ils joignent à leurs coutumes religieuses des usages empruntés aux disciples du prophète. Souvent ils font le salam; mais ne veulent en aucune façon renoncer à l'usage du dolo. Ils portent des grigris composés de versets du Coran écrits sur des feuilles de papier, pliés et renfermés dans un sachet de cuir ; ces sachets leur sont vendus par des marabouts, et ils ont en eux une grande confiance. D'autres grigris sont composés d'os d'animaux, de cornes de cerfs, de crins de cheval, de peau de lion ; ils ont des vertus plus ou moins bizarres. Enfin beaucoup portent de petits modèles d'entraves, semblables à celles destinées aux esclaves, elles ont la vertu de protéger contre la captivité.

Le sorcier ou nama est le grand prêtre. Le mot de nama s'applique au sorcier, manifestation visible et représentant de la divinité et non à la divinité elle-même. Les fétiches sont invisibles et habitent le bois sacré. Mais la croyance à un dieu tout-puissant qui habite le ciel est universelle : ainsi l'expression gagner langadé, c'est-à-dire gagner le ciel, est très répandue.

En résumé, ils mêlent tout : pratiques de l'islamisme, adoration des fétiches, croyance aux esprits, tout leur est bon.

Plusieurs de ces peuples prétendent avoir des liens de parenté avec les animaux. Ainsi les Bambaras Kourbari ont pour cousins les hippopotames ; la vue d'un de ces animaux tués leur porte malheur, et en aucun cas ils n'oseraient les blesser, ou manger de leur chair. Les habitants de Badumbé (Malinkhés) ont pour parents les pigeons verts, et ils vous supplient de ne pas tirer sur eux : la mort d'un de ces pigeons entraînant la mort d'un habitant du village. Les Toucouleurs respectent un grand caïman, que l'on rencontre sur le Sénégal et en font presque un dieu.

Caractères ethnologiques. — Ces peuples se reconnaissent entre eux par certains caractères qui échappent presque à notre observation.

Ainsi, pour eux, au point de vue de la couleur de leur peau, les Malinkhés sont moins noirs que les Bambaras du Beledougou, et la coloration noire de la peau va en s'éclaircissant chez

les peuples des rives du Niger, en suivant son cours descendant.
Les Maures seraient moins noirs que les Malinkhés, enfin les
Markhas passent pour les plus noirs de tous. Les Phouls, au
contraire, qui s'intitulent hommes rouges, ont le teint cuivré.

On remarque une assez large séparation entre les incisives
supérieures de chaque côté chez les Bambaras, et surtout chez
les Markhas; il n'en est pas de même pour les Malinkhés et
les Maures. Les lèvres sont bien plus grosses, plus épaisses
chez les Bambaras, puis par ordre décroissant chez les Malinkhés, les Markhas, les Maures.

Enfin les Phouls, les Maures ont les cheveux fins, frisés; les
cheveux des autres familles sont laineux et implantés en grains
de poivre.

Leurs aptitudes sont différentes ; le Bambara est guerrier,
peu cultivateur; il élève les chevaux; le Markha est commer-
çant et guerrier; il forme la base des caravanes de Diulas. Le
Foullah est pasteur, d'humeur pacifique, mais sait énergique-
ment défendre son bien. Les Maures sont surtout marchands.
Le Malinkhé est indolent, peu batailleur ; il cultive le mil et
s'enivre de dolo; il adore les danses.

L'instruction est presque nulle; quelques fils de chef connais-
sent l'écriture arabe ; les femmes ne vont chez le marabout que
pour apprendre à connaître leur devoir. L'intelligence de ces
peuples n'est pas grande, mais on trouve des exceptions. La
plupart ont le cœur assez bon, malgré leurs coutumes barbares.
Les femmes se distinguent par leur bonté et nous nous rappe-
lons une vieille femme de Dio qui, sachant que nous accompa-
gnions un malade, est venue nous apporter des œufs frais et
s'est enfuie sans vouloir accepter de paiement.

Leurs vêtements se composent ordinairement d'un pantalon
et d'un boubou à larges manches pour les hommes ; les femmes
portent un pagne attaché autour des reins. Les enfants vont
nus jusqu'à 4 ou 5 ans ; à partir de cette époque, ils portent
entre les jambes un morceau d'étoffe retenu par une ficelle. Ils
ne prennent le pantalon qu'après la circoncision.

La coiffure des femmes et des hommes est toute une affaire. Les cheveux sont tressés, arrangés et affectent une forme assez caractéristique suivant les tribus et dépendant des diverses positions occupées par la personne ; ainsi il y a coiffure de fille et de femme, de guerre, de paix, de fête, de deuil, etc.

La nourriture est la même pour tous ; mil, maïs, riz sur les rives du Niger ; gombos, patates douces ; très rarement de la viande. Petit lait et lait caillé. Ils ne mangent jamais de lait frais, ni des œufs ; certaines tribus ne touchent pas à certaines viandes ; les Bambaras ne mangeront pas de lièvre, par exemple. Les Malinkhés mangent de tout, les Toucouleurs sont plus difficiles. Enfin, et cela est général, aucun indigène ne consentirait à manger du porc. Souvent ils refusent ce qu'on leur offre, quand ils soupçonnent que la graisse de porc a été employée pour la préparation.

Essayons maintenant d'aborder la question anthropométrique pure et d'étudier les divers rapports donnés par les mesures anthropologiques que nous avons prises sur les lieux, et que nous avons rapportées. Voyons si ces mesures nous permettront de prouver ce que nous avons énoncé au début :

1° L'origine commune de tous les peuples du haut Fleuve ;

2° L'émigration des Phouls venant modifier certaines familles de la grande race mandingue, race aborigène ;

3° Enfin l'existence, à côté de ces peuples, d'une race qui s'est peu mélangée, et que d'ailleurs on ne trouve qu'à Bammako, la race maure personnifiée dans la nation sourakha.

Nos mesures portent sur des individus de race mandingue pure et sur des métis. — Comme nous n'avons rencontré qu'un individu de race phoule pure, nos autres mesures n'ont été prises que sur des métis mandinguo-phouls, originaires du Ouassoulou.

Classons d'abord les divers peuples que nous venons d'étudier :

Race mandingue aborigène. { Bambaras.
{ Malinkhés.

Métis mandinguo-phouls. . . { Markhas, prédominance du sang phoul.
{ Foullahs du Ouassoulou prédom. du sang
mandingue.

Race Maure, nation Sourakha, mélange avec race mandingue, mais prédominance, accentuée du sang maure.

Si maintenant nous étudions en détail les moyennes des mesures anthropométriques prises pendant notre voyage et notre séjour à Bammako, nous obtenons les tableaux et les résultats suivants :

1° ANGLE FACIAL

RACE MANDINGUE		MÉTIS MANDINGUO-PHOULS	
Bambaras	Malinkhés	Markhas	Foullahs
70o 53	69o 53	80o 10	66o 55
70° 03		73° 31	

Dans ce tableau, l'angle facial des Markhas se rapproche le plus de l'angle droit ; cela tient à ce que le sang phoul prédomine dans cette nation. D'ailleurs, chez les Foullahs de Ouassoulou, l'angle facial diminue, puisque la moyenne accusée par le tableau est de 66° 53. Ces deux chiffres se modifient d'ailleurs dans la moyenne, et il est facile de s'assurer combien peu l'angle facial diffère entre la race mandingue 70° 03 et les métis 73° 31, l'écart étant de 3o 28.

2° LIGNE FACIALE

Les moyennes des mensurations de la ligne faciale nous donnent des résultats qui prouvent la communauté d'origine des divers peuples que nous étudions, et qui viennent à l'appui de notre proposition.

RACE MANDINGUE		MÉTIS MANDINGUO-PHOULS	
Bambaras	Malinkhés	Markhas	Foullahs
48mm 7	57mm	53mm 66	56mm 5
52mm 8		55mm 08	

Ces deux moyennes sont encore très voisines, puisque l'écart entre elles n'est que de deux millimètres 28.

3° INDICES

Les divers indices se rapprochent également d'une façon sensible ; nous les écrirons successivement, nous bornant à mentionner les écarts ; ces petits tableaux compléteront notre démonstration.

A. INDICE DU PROGNATISME SUPÉRIEUR

Race mandingue pure. . { Bambaras. . . 35.83 } 38.11 }
{ Malinkhés. . . 40.39 }   } Écart 5.90.
Métis mandinguo-phouls. { Markhas. . . 17.86 } 32.21 }
{ Foullahs. . . 46.56 }

B. INDICE CÉPHALIQUE

Race mandingue pure. . { Bambaras. . . 75.05 } 72.58 }
{ Malinkhés. . . 70.14 }   } Écart 1.64.
Métis mandinguo-phouls. { Markhas.. . . 75.23 } 74.22 }
{ Foullahs. . . 73.21 }

C. INDICE FRONTAL

Race mandingue pure. . { Bambaras. . . 77.61 } 77.36 }
{ Malinkhés. . . 77.11 }   } Écart. 3.30.
Métis mandinguo-phouls. { Markhas. . . 67.42 } 74.06 }
{ Foullahs. . . 80.70 }

Si nous prenons maintenant les moyennes générales, si nous les mettons en présence des moyennes données par les mensurations prises dans la nation des Sourakhas, nation de métis mandinguo-maures, avec prédominance de sang maure, nous retrouvons encore une certaine analogie entre ces diverses mesures, mais avec des différences notables en faveur de la race maure.

	MOYENNES GÉNÉRALES	NAT. DES SOURAKHAS
Angle facial.	72o 12	78o
Ligne faciale.	53mm 94	57mm 5
Indice du prognatisme sup. .	35.16	63. »
Indice céphalique.	73.40	73.07
Indice frontal.	75.71	72.89

Ainsi l'angle facial chez les Sourakhas se rapproche davantage de l'angle droit, la ligne faciale est plus longue, la saillie de la mâchoire supérieure moins accusée; mais les indices céphalique et frontal ne diffèrent que très peu.

Nous n'avons pas, et à dessein, donné les mesures prises sur l'individu de race phoule pure, dont la photographie a été faite par M. le capitaine Delanneau dans une précédente campagne, nous réservant de les présenter, dans une prochaine communication, lorsque nous réunirons toutes les mensurations anthropologiques prises pendant notre séjour dans le haut Fleuve.

De cette série de tableaux que nous venons de vous présenter, résulte pour nous la confirmation de ce que nous avancions au début de ce travail. L'existence d'une race aborigène, qui a étendu ses rameaux sur tout le vaste territoire situé de l'Ouest à l'Est, de l'Océan Atlantique au cours descendant du Niger, et du Nord au Sud, du Sahara aux montagnes de Kong.

Une immigration de tribus venant de la Haute-Égypte, les Peulhs ou Phouls, est venue se mêler à la race aborigène, a formé des empires puissants, mais n'a pu faire disparaître la première race, dont on retrouve à chaque instant un caractère dans les études anthropométriques. L'ethnologie nous fournit aussi un puissant argument de discussion ; en effet, partout les mêmes usages, partout les mêmes coutumes, la même division en castes, en familles. Sans insister sur ce résultat que nous nous bornons à constater, nous faisons des vœux pour que l'occupation française amène chez ces peuples une révolution sociale, et enfin mette fin à cette plaie du Soudan et du centre de l'Afrique, l'esclavage. Nous savons que ce résultat ne peut pas s'obtenir en un jour ; mais le temps est un grand maître, et nous comptons sur lui. D'ailleurs, là plus que jamais, il faut appliquer la formule : Qui va doucement, va sagement.

FIN

LYON. — IMP. PITRAT AÎNÉ, RUE GENTIL.